Impressum
Verlag: BABADADA GmbH, Nedderfeld 112 , 22529 Hamburg
Geschäftsführer / Verlagsleitung: Harald Hof
Druck: Books on Demand GmbH, In de Tarpen 42, 22848 Norderstedt

Imprint
Publisher: BABADADA GmbH, Nedderfeld 112 , 22529 Hamburg, Germany
Managing Director / Publishing direction: Harald Hof
Print: Books on Demand GmbH, In de Tarpen 42, 22848 Norderstedt

école

学校

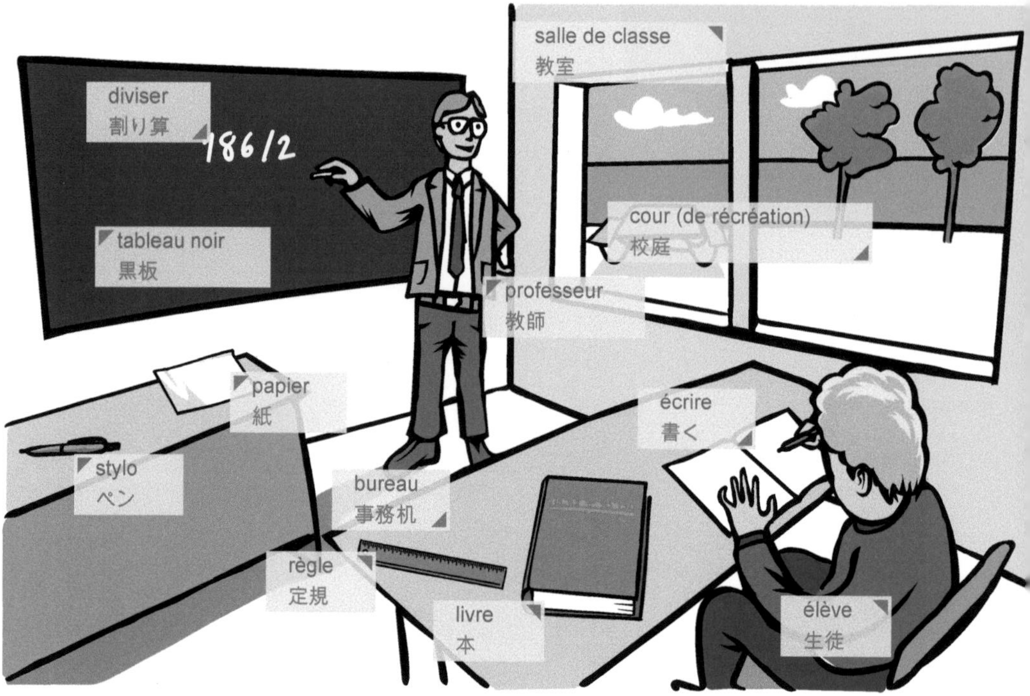

salle de classe
教室
diviser
割り算
186/2
tableau noir
黒板
professeur
教師
cour (de récréation)
校庭
papier
紙
écrire
書く
stylo
ペン
bureau
事務机
règle
定規
livre
本
élève
生徒

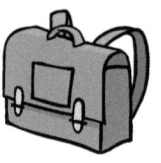

cartable

ランドセル

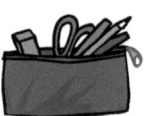

trousse

筆入れ

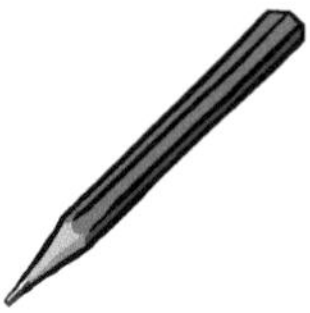

crayon

鉛筆

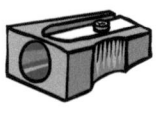

taille-crayon

鉛筆削り

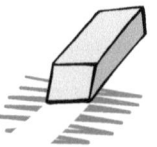

gomme

消しゴム

carnet à dessin

スケッチブック

dessin

スケッチ

pinceau

絵筆

boîte de peinture

絵の具箱

ciseaux

はさみ

colle

接着剤

cahier d'exercices

練習帳

devoirs

宿題

chiffre

数

additionner

足し算

soustraire

引き算

multiplier

かけ算

calculer

計算する

lettre

文字

alphabet

アルファベット

mot

単語

texte
テキスト

lire
読む

craie
チョーク

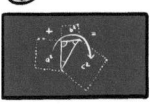

leçon
授業

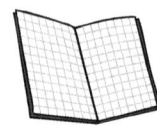

livre de classe
学級日誌

examen
試験

certificat
通知表

uniforme scolaire
制服

formation
教育

lexique
百科事典

université
大学

microscope
顕微鏡

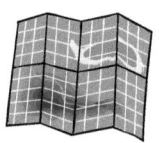

carte
地図

corbeille à papier
ごみ箱

voyage
旅行

hôtel
ホテル
Grand
auberge
ホステル
ROOMS
bureau de change
両替所
CHANGE
valise
スーツケース
voiture
自動車

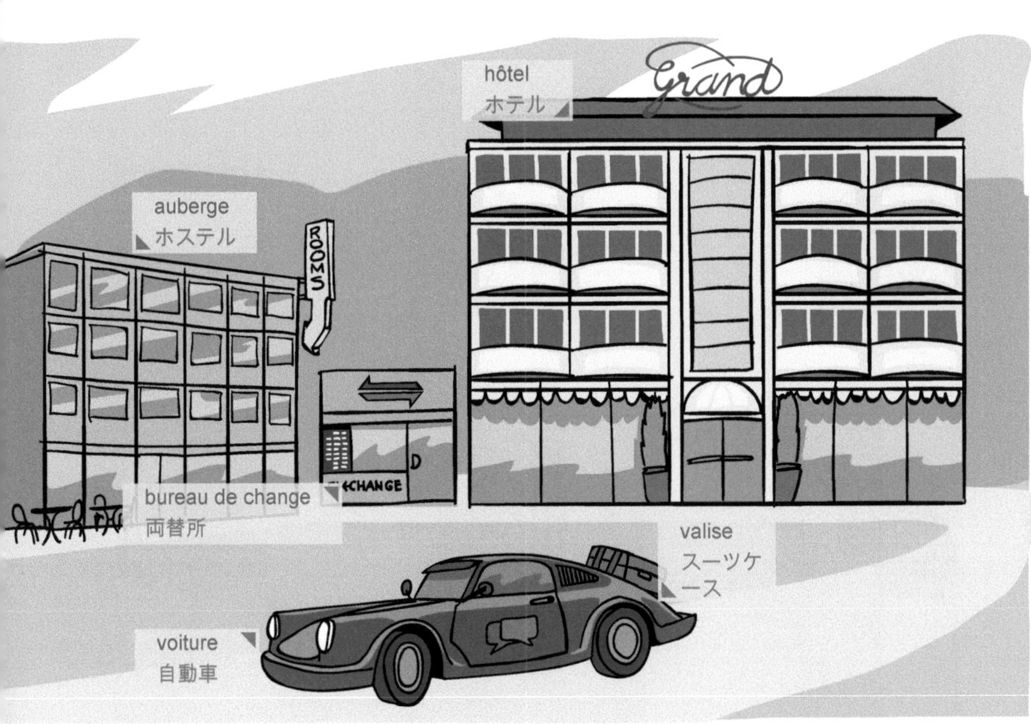

langue
言語

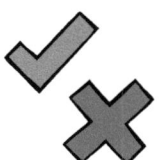

oui / non
はい / いいえ

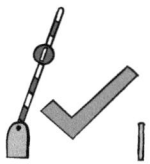

d'accord
問題ない

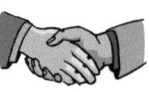

Salut
ハロー

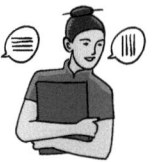

interprète
翻訳者

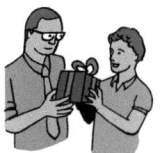

merci
ありがとう

Combien coûte...?

...はいくらですか？

Je ne comprends pas

わかりません

problème

問題

Bonsoir !

こんばんは！

Bonjour !

おはようございます！

Bonne nuit !

おやすみなさい！

Au revoir

さようなら

direction

方向

bagages

手荷物

sac

バッグ

sac-à-dos

リュックサック

hôte

お客様

pièce

部屋

sac de couchage

寝袋

tente

テント

office de tourisme

旅行者情報

plage

ビーチ

carte de crédit

クレジットカード

petit-déjeuner

朝食

déjeuner

昼食

dîner

夕食

billet

チケット

ascenseur

エレベーター

timbre

スタンプ

frontière

境界

douane

税関

ambassade

大使館

visa

ビザ

passeport

パスポート

transport
輸送

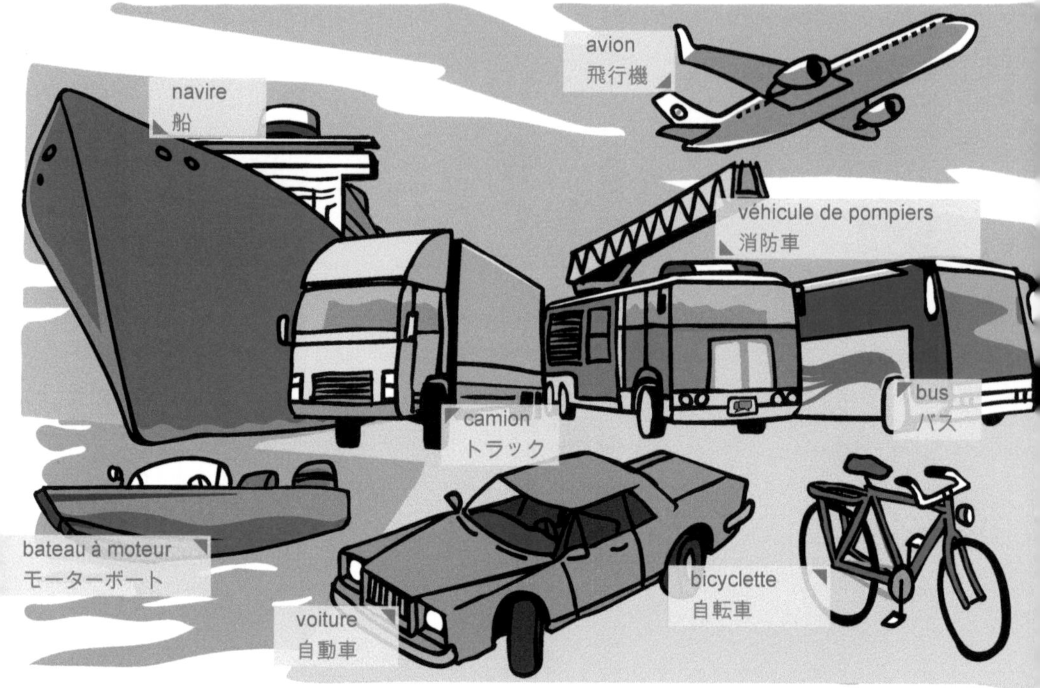

navire
船

avion
飛行機

véhicule de pompiers
消防車

bus
バス

camion
トラック

bateau à moteur
モーターボート

voiture
自動車

bicyclette
自転車

ferry

フェリー

barque

ボート

moto

バイク

voiture de police

パトカー

voiture de course

レーシングカー

voiture de location

レンタカー

auto-partage

カーシェアリング

voiture de remorquage

レッカー車

benne à ordures

ごみ収集車

moteur

モーター

essence

燃料

station d'essence

ガソリンスタンド

panneau indicateur

交通標識

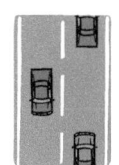

trafic

交通

embouteillage

渋滞

parking

駐車場

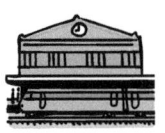

gare

駅

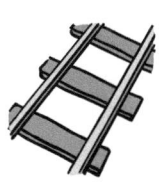

rails

道

train

列車

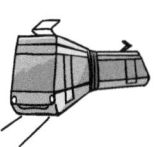

tramway

路面電車

wagon

車両

hélicoptère

ヘリコプター

aéroport

空港

tour

タワー

passager

乗客

conteneur

コンテナ

carton

段ボール箱

chariot

カート

corbeille

カゴ

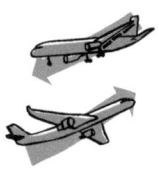

décoller / atterrir

離陸 / 着陸

ville

都市

village

村

centre-ville

都心

maison

家

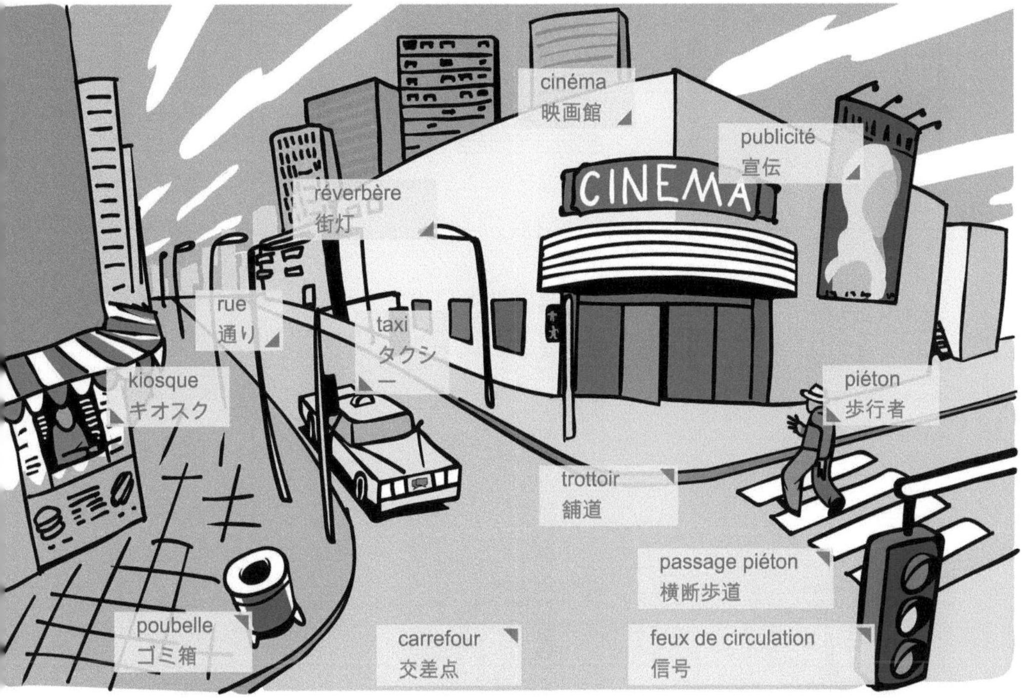

cinéma
映画館
CINEMA
publicité
宣伝
réverbère
街灯
rue
通り
taxi
タクシー
kiosque
キオスク
piéton
歩行者
trottoir
舗道
passage piéton
横断歩道
poubelle
ゴミ箱
carrefour
交差点
feux de circulation
信号

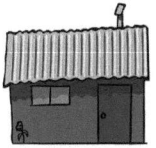

cabane

小屋

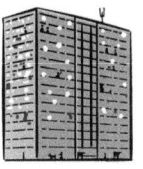

appartement

アパート

gare

駅

mairie

市役所

MUSEUM

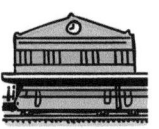

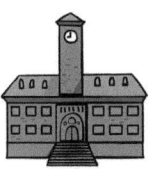

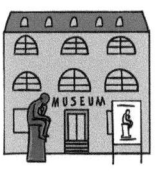

musée

美術館

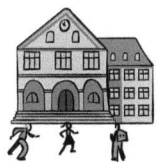

école

学校

université

大学

banque

銀行

hôpital

病院

hôtel

ホテル

pharmacie

薬局

bureau

オフィス

librairie

書店

magasin

ショップ

fleuriste

花屋

supermarché

スーパーマーケット

marché

市場

grand magasin

デパート

poissonnerie

魚屋

centre commercial

ショッピングセンター

port

港

parc
公園

banque
ベンチ

pont
橋

escaliers
階段

métro
地下鉄

tunnel
トンネル

arrêt de bus
バス停

bar
バー

restaurant
レストラン

boîte à lettres
ポスト

panneau indicateur
道路標識

parcmètre
パーキングメーター

zoo
動物園

piscine
スイミングプール

mosquée
モスク

ferme

農場

pollution

汚染

cimetière

墓地

église

教会

aire de jeux

遊び場

temple

寺

paysage

風景

feuille
葉

panneau indicateur
道標

chemin
道

pré
草地

pierre
石

arbre
木

randonneur
ハイカー

rivière
川

herbe
草

fleur
花

vallée

谷

montagne

山

lac

湖

forêt

森

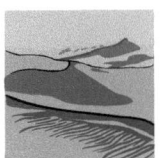

désert

砂漠

volcan

火山

château

城

arc-en-ciel

虹

champignon

キノコ

palmier

ヤシの木

moustique

蚊

mouche

ハエ

fourmis

蟻

abeille

ミツバチ

araignée

クモ

coléoptère

カブトムシ

grenouille

蛙

écureuil

リス

hérisson

ハリネズミ

lièvre

ウサギ

chouette

フクロウ

oiseau

鳥

cygne

白鳥

sanglier

雄豚

cerf

鹿

élan

ヘラジカ

barrage

ダム

éolienne

風力タービン

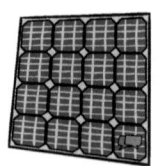

panneau solaire

ソーラーパネル

climat

気候

restaurant
レストラン

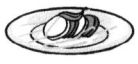

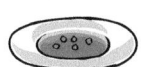

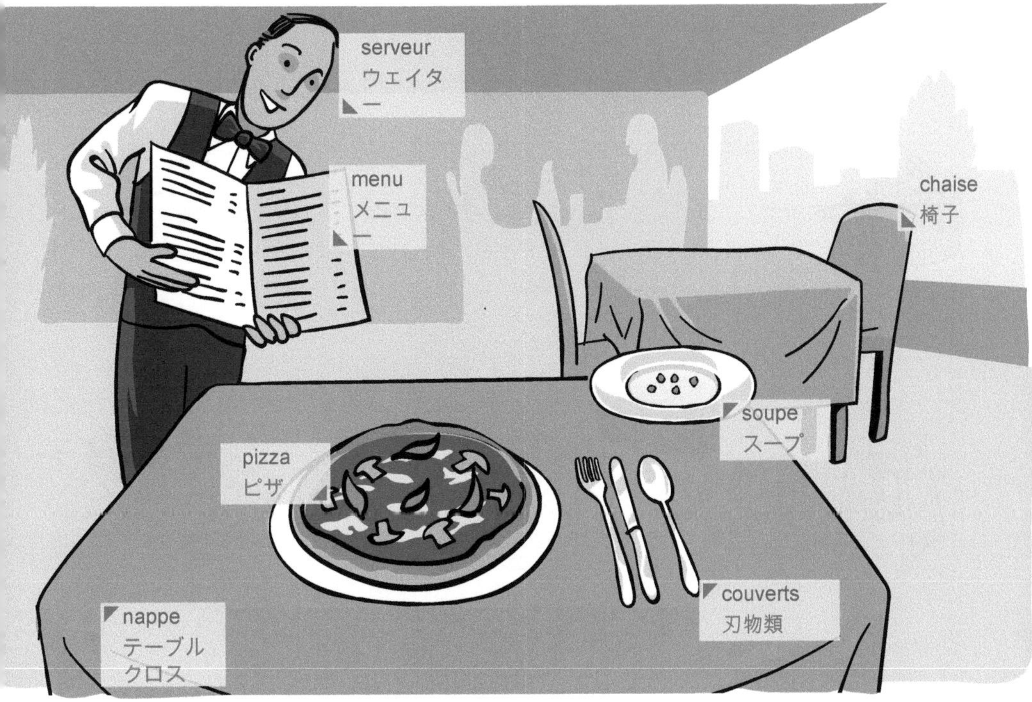
serveur
ウェイター
menu
メニュー
chaise
椅子
soupe
スープ
pizza
ピザ
couverts
刃物類
nappe
テーブルクロス

hors d'œuvre

前菜

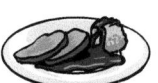

plat principal

メインコース

dessert

デザート

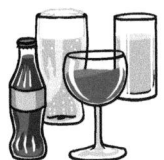

boissons

飲み物

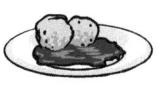

alimentation

食べ物

bouteille

ボトル

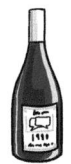

fast-food

ファストフード

plats à emporter

屋台の食べ物

théière

ティーポット

sucrier

砂糖入れ

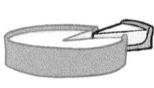

portion

一人前

machine à expresso

エスプレッソマシン

chaise haute

幼児用食事椅子

facture

請求書

plateau

トレー

couteau

ナイフ

fourchette

フォーク

cuillère

スプーン

cuillère à thé

ティースプーン

serviette

ナプキン

verre

グラス

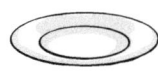

assiette

皿

assiette à soupe

スープ皿

soucoupe

受け皿

sauce

ソース

salière

塩入れ

moulin à poivre

ペッパーミル

vinaigre

酢

huile

油

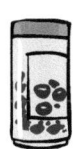

épices

スパイス

ketchup

ケチャップ

moutarde

マスタード

mayonnaise

マヨネーズ

supermarché
スーパーマーケット

offre promotionnelle
特価品
FOR
client
顧客
produits laitiers
乳製品
fruits
果物
chariot
ショッピング
・カート

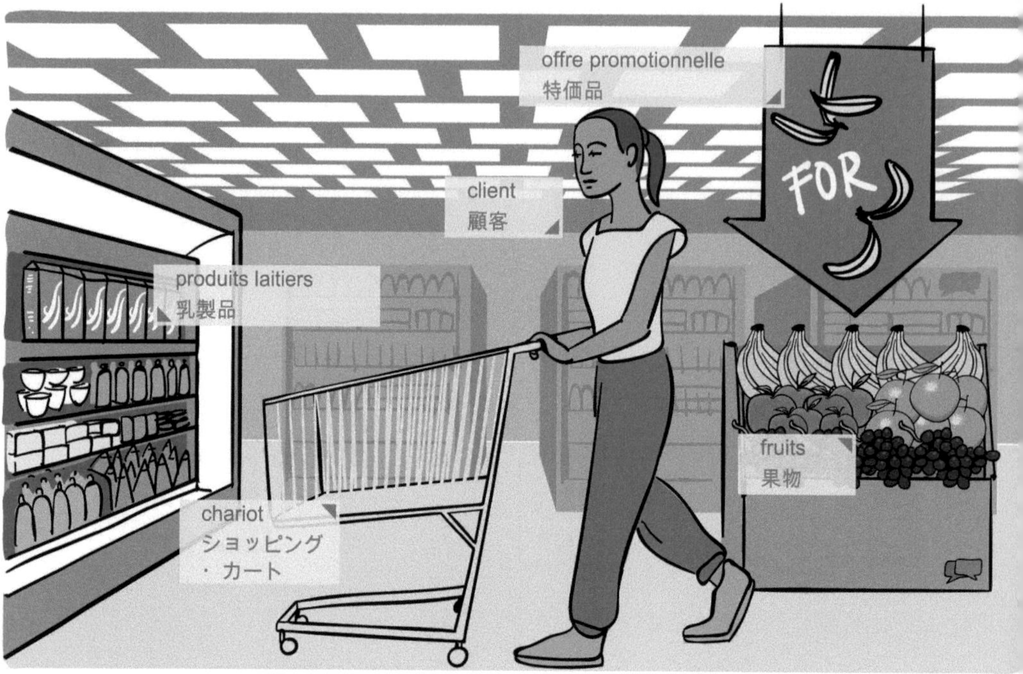

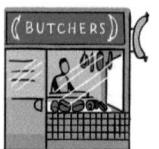

BUTCHERS

boucherie

肉屋

BAKERY

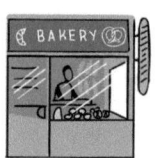

boulangerie

パン屋

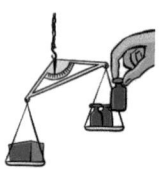

peser

重さをはかる

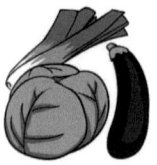

légumes

野菜

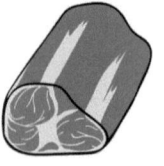

viande

肉

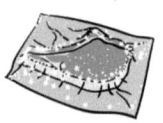

aliments surgelés

冷凍食品

charcuterie

冷肉の薄切り

conserves

缶詰食品

poudre à lessive

洗剤

bonbons

菓子

articles ménagers

家庭用品

détergents

清掃用品

vendeuse

販売員

caisse

現金箱

caissier

レジ係

liste d'achats

買い物リスト

heures d'ouverture

開館時刻

portefeuille

財布

carte de crédit

クレジットカード

sac

バッグ

sac en plastique

ポリ袋

eau

水

jus de fruit

ジュース

lait

牛乳

coca

コーラ

vin

ワイン

bière

ビール

alcool

アルコール

chocolat chaud

ココア

thé

紅茶

café

コーヒー

expresso

エスプレッソ

cappuccino

カプチーノ

banane

バナナ

pomme

リンゴ

orange

オレンジ

melon

メロン

citron

レモン

carotte

ニンジン

ail

ニンニク

bambou

竹

oignon

玉ねぎ

champignon

キノコ

noisettes

ナッツ

pâtes

ヌードル

spaghetti

スパゲッティ

riz

米

salade

サラダ

pommes frites

フライドポテト

pommes de terre rôties

フライドポテト

pizza

ピザ

hamburger

ハンバーガー

sandwich

サンドウィッチ

escalope

カツレツ

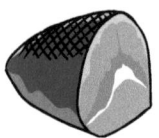

jambon

ハム

salami

サラミ

saucisse

ソーセージ

poulet

鶏肉

rôti

焼き

poisson

魚

flocons d'avoine

麦のお粥

muesli

ムーズリ

cornflakes

コーンフレーク

farine

小麦粉

croissant

クロワッサン

petits-pains

ロールパン

pain

パン

pain grillé

トースト

biscuits

ビスケット

beurre

バター

le fromage blanc

カッテージチーズ

gâteau

ケーキ

œuf

卵

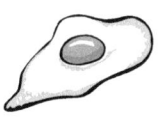

œuf au plat

目玉焼き

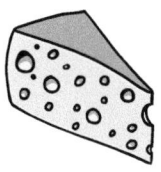

fromage

チーズ

glace

アイスクリーム

sucre

砂糖

miel

はちみつ

confiture

ジャム

crème nougat

ヌガークリーム

curry

カレー

ferme
農場

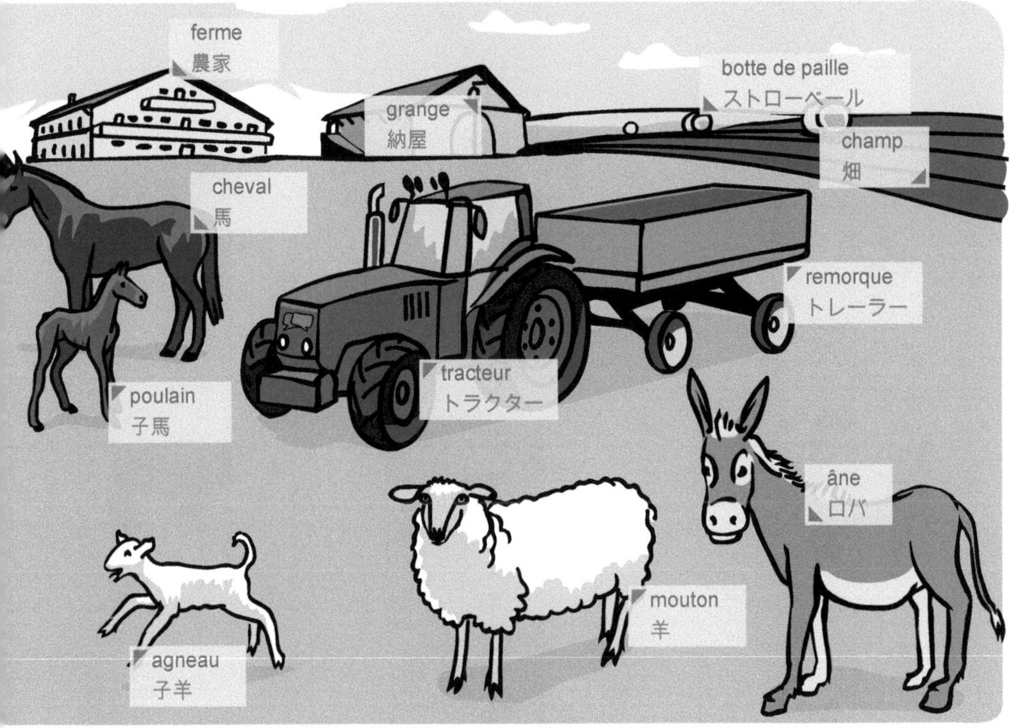
ferme
農家
grange
納屋
botte de paille
ストローベール
champ
畑
cheval
馬
remorque
トレーラー
tracteur
トラクター
poulain
子馬
âne
ロバ
mouton
羊
agneau
子羊

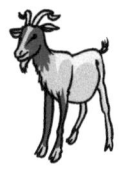

chèvre
ヤギ

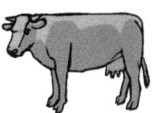

vache
雌牛

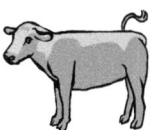

veau
子牛

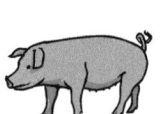

porc
豚

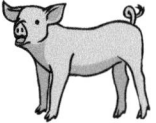

porcelet
子豚

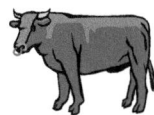

taureau
雄牛

oie

ガチョウ

canard

アヒル

poussin

ひよこ

poule

にわとり

coq

おんどり

rat

ネズミ

chat

猫

souris

ねずみ

bœuf

雄牛

chien

犬

chenil

犬小屋

tuyau de jardin

散水ホース

arrosoir

じょうろ

faucheuse

大鎌

charrue

すき

faucille

草刈り鎌

pioche

くわ

fourche

堆肥用フォーク

hache

斧

brouette

手押し車

cuve

かいばおけ

pot à lait

牛乳缶

sac

袋

clôture

フェンス

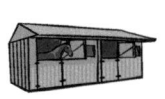

étable

畜舎

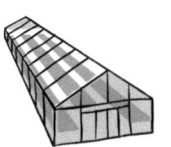

serre

温室

sol

土壌

semences

種

engrais

肥料

moissonneuse-batteuse

コンバイン

récolter

収穫する

récolte

収穫

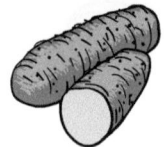

igname

ヤマイモ

blé

小麦

soja

大豆

pomme de terre

じゃがいも

maïs

トウモロコシ

colza

菜種

arbre fruitier

果樹

manioc

キャッサバ

céréales

穀物

maison

家

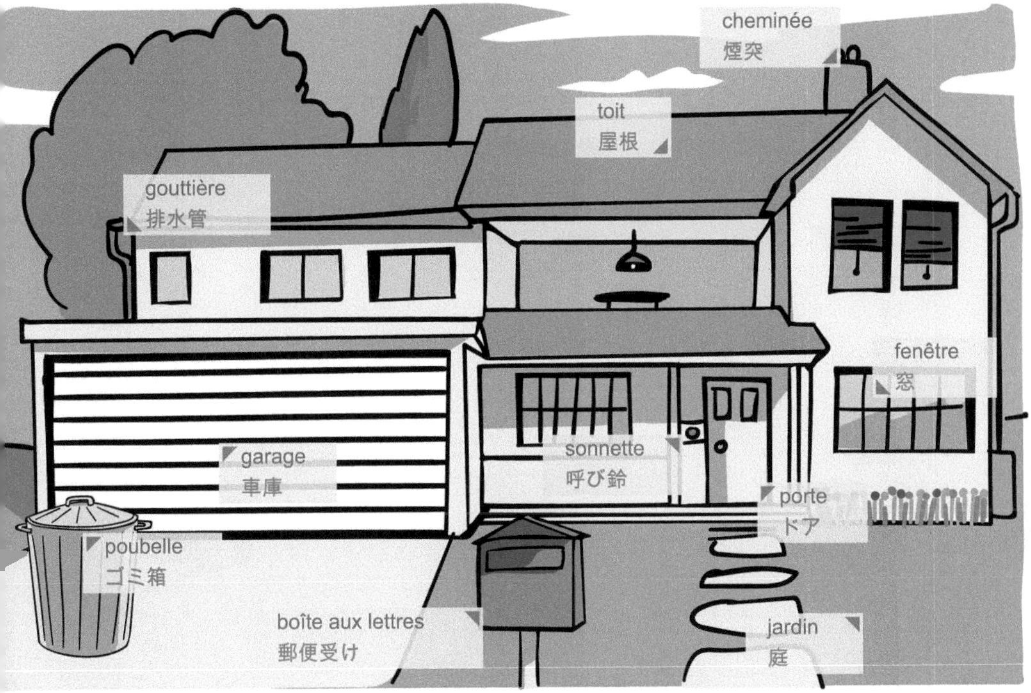
cheminée
煙突
toit
屋根
gouttière
排水管
fenêtre
窓
garage
車庫
sonnette
呼び鈴
porte
ドア
poubelle
ゴミ箱
boîte aux lettres
郵便受け
jardin
庭

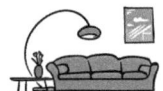

salon

リビングルーム

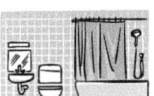

salle de bain

浴室

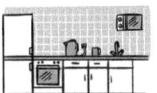

cuisine

台所

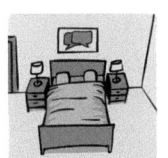

chambre à coucher

寝室

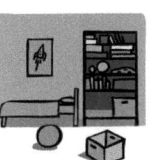

chambre d'enfant

子供部屋

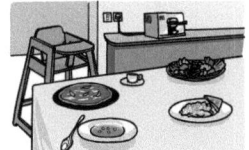

salle à manger

ダイニング・ルーム

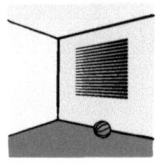

sol

床

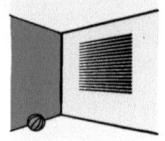

mur

壁

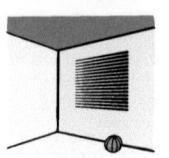

plafond

天井

cave

地下貯蔵庫

sauna

サウナ

balcon

バルコニー

terrasse

テラス

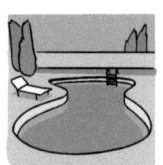

piscine

プール

tondeuse à gazon

芝刈り機

housse

シーツ

couette

ベッドカバー

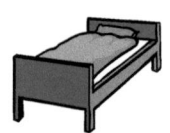

lit

ベッド

balai

ほうき

sceau

バケツ

interrupteur

スイッチ

salon

リビングルーム

papier peint
壁紙
image
絵
lampe
ランプ
étagère
棚
armoire
食器棚
télé
テレビ
cheminée
暖炉
fleur
花
coussin
クッション
sofa
ソファ
vase
花瓶
télécommande
リモコン

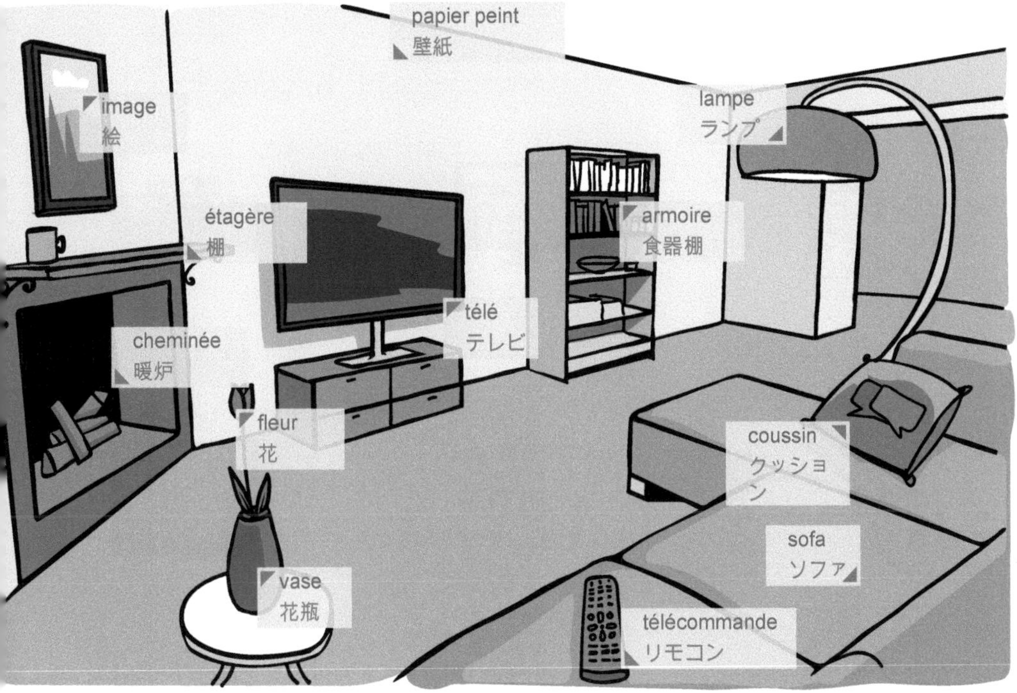

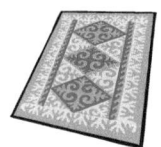

tapis

カーペット

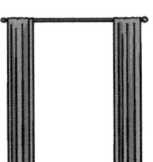

rideau

カーテン

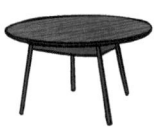

table

テーブル

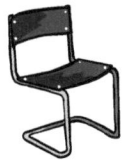

chaise

椅子

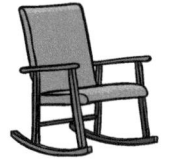

chaise à bascule

ロッキングチェア

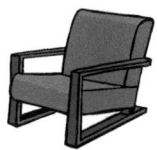

fauteuil

ひじ掛け椅子

livre
本

couverture
毛布

décoration
飾り

bois de chauffage
たきぎ

film
映画

chaîne hi-fi
ステレオ

clé
鍵

journal
新聞

peinture
絵画

poster
ポスター

radio
ラジオ

bloc-notes
メモ帳

aspirateur
掃除機

cactus
サボテン

bougie
ろうそく

cuisine
台所

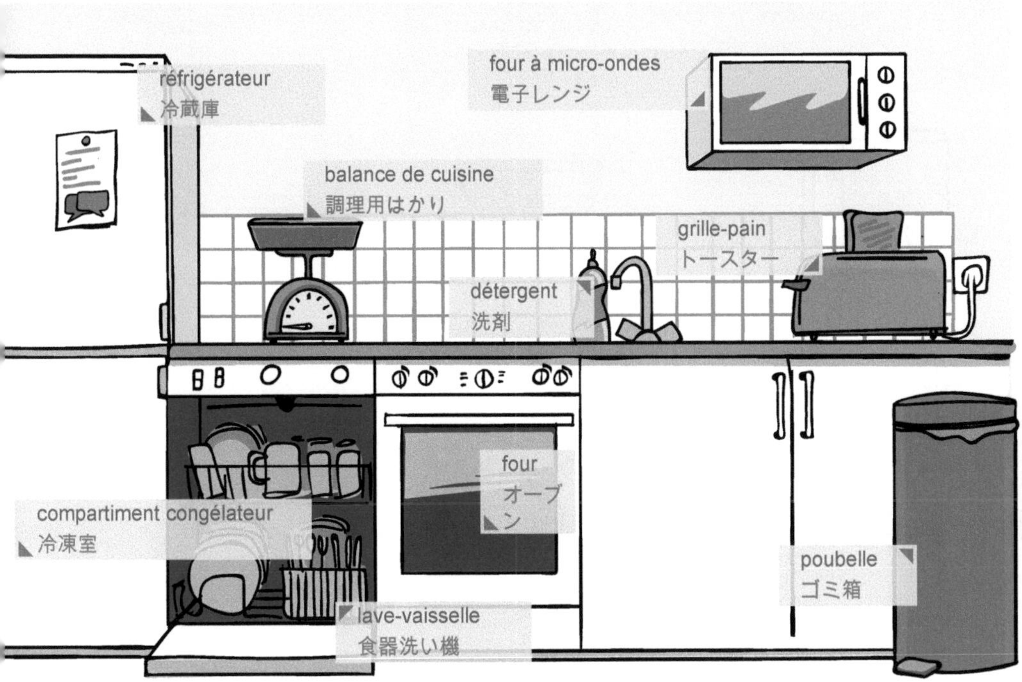

réfrigérateur
冷蔵庫
four à micro-ondes
電子レンジ
balance de cuisine
調理用はかり
grille-pain
トースター
détergent
洗剤
four
オーブン
compartiment congélateur
冷凍室
poubelle
ゴミ箱
lave-vaisselle
食器洗い機

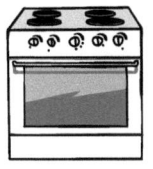

four
こんろ

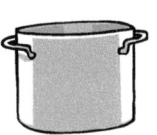

casserole
鍋

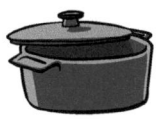

marmite
鉄鍋

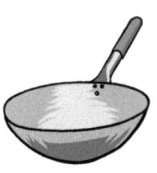

wok / kadai
中華鍋/ カダイ鍋

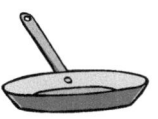

poêle
フライパン

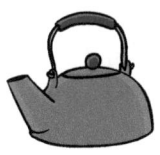

bouilloire electrique
やかん

cuiseur vapeur

蒸し器

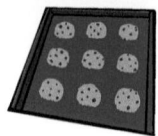

plaque de cuisson

天板

vaisselle

食器

gobelet

マグカップ

coupe

ボウル

baguettes

箸

louche

おたま

spatule

へら

fouet

泡立て器

passoire

こし器

tamis

ふるい

râpe

すりおろし器

mortier

すり鉢

barbecue

バーベキュー

cheminée

かまど

planche à découper

まな板

rouleau à pâtisserie

麺棒

tire-bouchon

栓抜き

boîte

缶

ouvre-boîte

缶切り

maniques

鍋つかみ

lavabo

流し

brosse

ブラシ

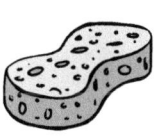

éponge

スポンジ

mixeur

ミキサー

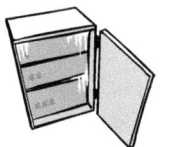

congélateur

冷凍庫

biberon

哺乳瓶

robinet

蛇口

salle de bain

浴室

chauffage
ヒーター
serviette
タオル
douche
シャワー
rideau de douche
シャワーカーテン
bain moussant
泡風呂
baignoire
浴槽
verre
グラス
machine à laver
洗濯機
robinet
蛇口
carrelage
タイル
pot
おまる
lavabo
流し

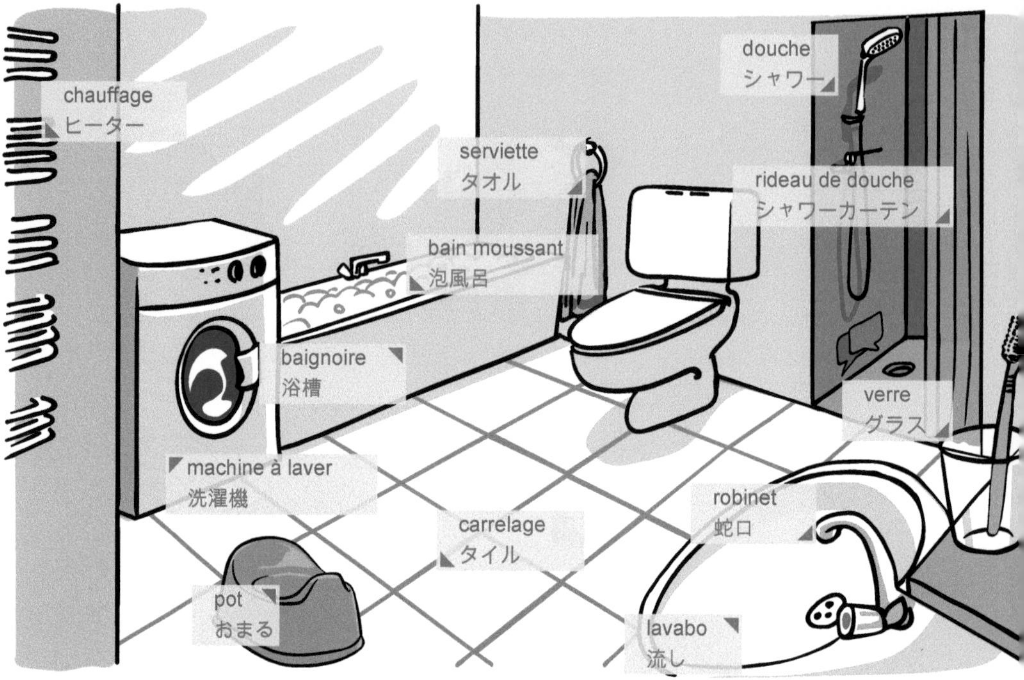

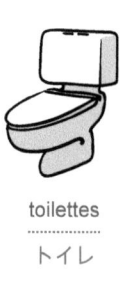

toilettes
トイレ

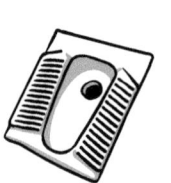

toilette à la turque
和式トイレ

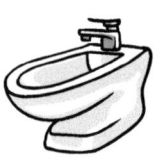

bidet
ビデ

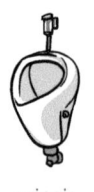

urinoir
小便器

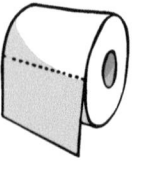

papier toilette
トイレットペーパー

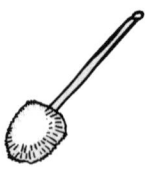

brosse à toilette
トイレブラシ

brosse à dents

歯ブラシ

dentifrice

歯みがき

fil dentaire

デンタルフロス

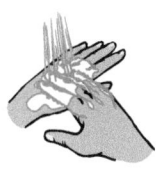

laver

洗う

douche manuelle

シャワーヘッド

douche intime

ハンドビデ

vasque

洗面台

brosse dorsale

ボディブラシ

savon

石鹸

gel douche

シャワー用ジェル

shampooing

シャンプー

gant de toilette

浴用タオル

écoulement

排水口

crème

クリーム

déodorant

消臭

miroir

鏡

miroir cosmétique

手鏡

rasoir

かみそり

mousse à raser

シェービング・フォーム

après-rasage

アフターシェーブローション

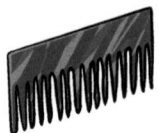

peigne

櫛

brosse

ブラシ

sèche-cheveux

ドライヤー

laque pour cheveux

ヘアスプレー

fond de teint

化粧

rouge à lèvres

口紅

vernis à ongles

マニキュア

ouate

脱脂綿

coupe-ongles

爪切り

parfum

香水

trousse de toilette

洗面用具入れ

tabouret

スツール

pèse-personne

体重計

peignoir

バスローブ

gants de nettoyage

ゴム手袋

tampon

タンポン

serviettes hygiéniques

生理用ナプキン

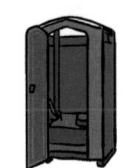

toilette chimique

ケミカルトイレ

chambre d'enfant
子供部屋

réveil
目覚まし時計
doudou
ぬいぐるみ
voiture jouet
おもちゃの自動車
hochet
がらがら
maison de poupée
ドール・ハウス
cadeau
プレゼント

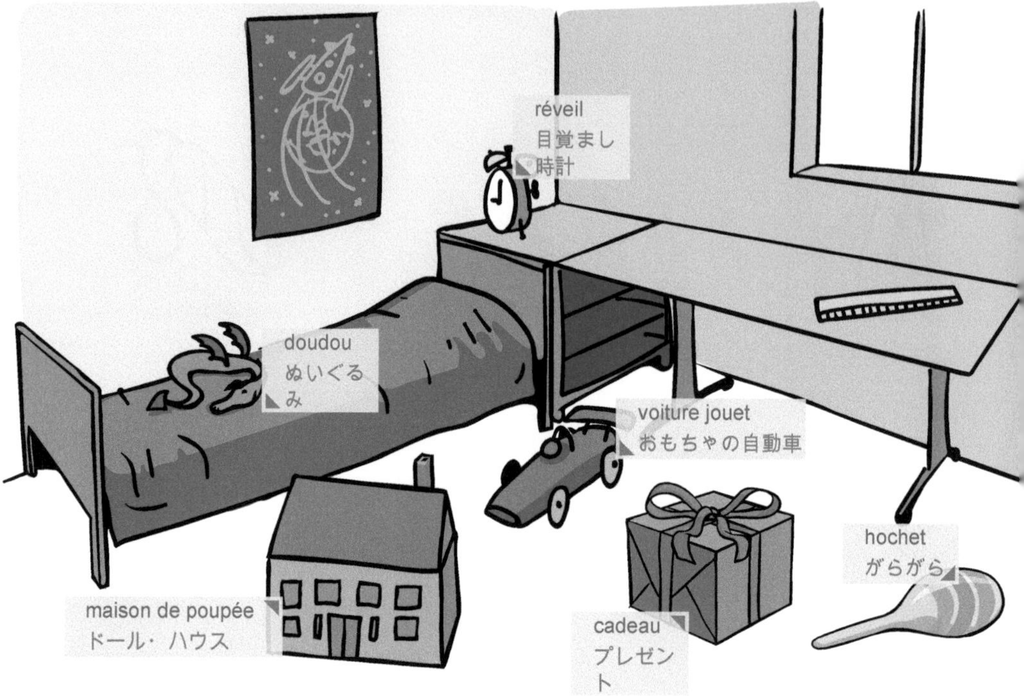

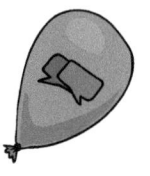

ballon
風船

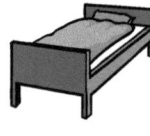

lit
ベッド

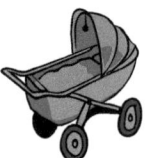

poussette
ベビーカー

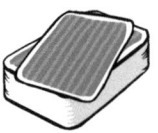

jeu de cartes
カードゲーム

puzzle
ジグソーパズル

SUPER MEGA

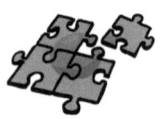

bande dessinée
漫画

pièces lego
レゴ

blocs de construction
玩具ブロック

figurine
アクションフィギュア

grenouillère
ロンパース

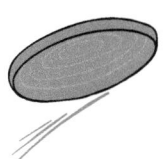

frisbee
フリスビー

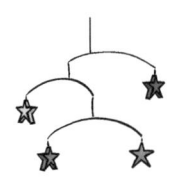

mobile
モバイル

jeu de société
ボードゲーム

dé
さいころ

train miniature
鉄道模型

sucette
おしゃぶり

fête
パーティー

livre d'images
絵本

balle
ボール

poupée
人形

jouer
遊ぶ

bac à sable

砂場

balançoire

ブランコ

jouets

おもちゃ

console de jeu

ゲーム機

tricycle

三輪車

ours en peluche

テディベア

armoire

衣装ダンス

vêtements

衣服

chaussettes

靴下

bas

ストッキング

collant

タイツ

écharpe
スカーフ

parapluie
雨傘

t-shirt
Tシャツ

ceinture
ベルト

bottes
ブーツ

pantoufles
スリッパ

baskets
スニーカー

sandales
....
サンダル

chaussures
....
靴

bottes de caoutchouc
....
ゴム長靴

sous-vêtements
....
パンツ

soutien-gorge
....
ブラ

maillot de corps
....
ベスト

body

ボディースーツ

pantalon

ズボン

jean

ジーンズ

jupe

スカート

chemisier

ブラウス

chemise

シャツ

pull

セーター

sweat à capuche

パーカー

veste

ブレザー

veste

ジャケット

manteau

コート

imperméable

レインコート

costume

服装

robe

ドレス

robe de mariée

ウェディングドレス

costume

スーツ

chemise de nuit

ナイトガウン

pyjama

パジャマ

sari

サリー

foulard

ヘッドスカーフ

turban

ターバン

burqa

ブルカ

caftan

カフタン

abaya

アバヤ

maillot de bain

水着

maillot de bain

トランクス

short

半ズボン

tenue d'entraînement

スウェットスーツ

tablier

エプロン

gants

手袋

bouton
ボタン

lunettes
メガネ

bracelet
ブレスレット

collier
ネックレス

bague
指輪

boucle d'oreille
イヤリング

bonnet
帽子

cintre
ハンガー

chapeau
帽子

cravate
ネクタイ

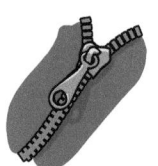

fermeture éclair
ファスナー

casque
ヘルメット

bretelles
サスペンダー

uniforme scolaire
制服

uniforme
ユニフォーム

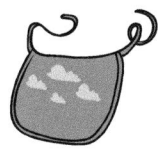

bavoir

よだれかけ

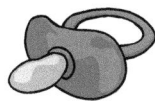

sucette

おしゃぶり

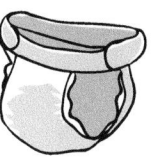

lange

おむつ

bureau
オフィス

serveur
サーバ
armoire d'archivage
書類キャビネット
imprimante
プリンター
papier
紙
écran
モニター
souris
マウス
bureau
事務机
classeur
フォルダー
clavier
キーボード
chaise
椅子
corbeille à papier
ごみ箱
ordinateur
コンピューター

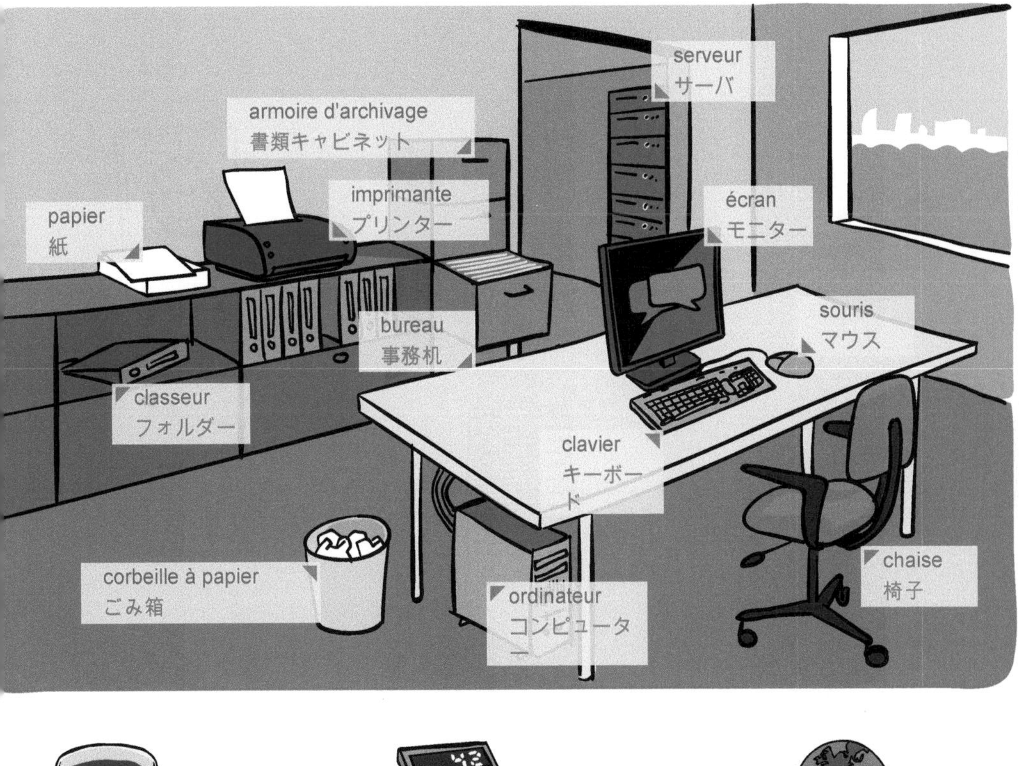

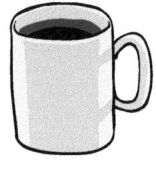

tasse de café

コーヒーマグ

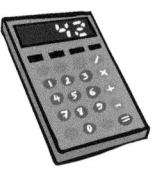

calculatrice

計算機

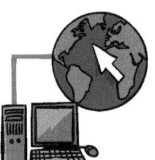

internet

インターネット

ordinateur portable

ラップトップ

lettre

手紙

message

メッセージ

portable

携帯電話

réseau

ネットワーク

photocopieuse

コピー機

logiciel

ソフトウェア

téléphone

電話

prise

コンセント

fax

ファックス

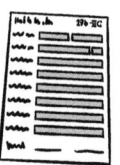

formulaire

フォーム

document

書類

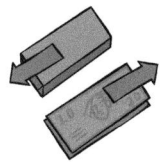

acheter

買う

payer

支払う

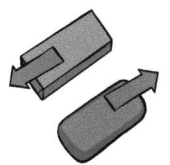

faire du commerce

取引する

monnaie

お金

dollar

ドル

euro

ユーロ

yen

円

rouble

ルーブル

franc suisse

スイスフラン

renminbi yuan

人民元

roupie

ルピー

distributeur automatique

キャッシュポイント

bureau de change

両替所

or

金

argent

銀

pétrole

油

énergie

エネルギー

prix

価格

contrat

契約

taxe

税金

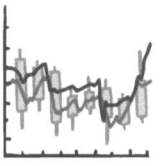

action

株

travailler

働く

employé

従業員

employeur

雇用主

usine

工場

magasin

ショップ

agent de police
警察官

pompier
消防士

pilote
パイロット

cuisinier
コック

médecin
医師

jardinier

庭師

menuisier

大工

couturière

お針子

juge

裁判官

chimiste

化学者

acteur

俳優

conducteur de bus

バスの運転手

chauffeur de taxi

タクシー運転手

pêcheur

漁師

femme de ménage

掃除婦

couvreur

屋根ふき職人

serveur

ウェイター

chasseur

ハンター

peintre

塗装工

boulanger

パン屋

électricien

電気工

ouvrier

建設作業員

ingénieur

エンジニア

boucher

肉屋

plombier

配管工

facteur

郵便配達人

soldat

軍人

architecte

建築家

caissier

レジ係

fleuriste

花屋

coiffeur

美容師

contrôleur

車掌

mécanicien

機械工

capitaine

キャプテン

dentiste

歯科医

scientifique

科学者

rabbin

ラビ

imam

イスラム導師

moine

修道士

prêtre

牧師

outils
道具

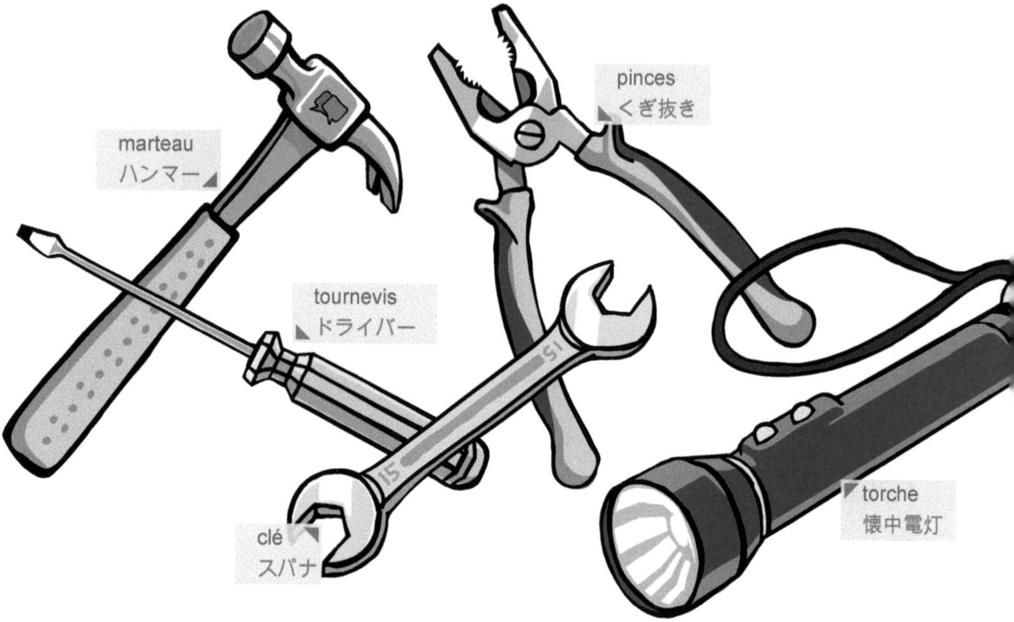

pinces
くぎ抜き
marteau
ハンマー
tournevis
ドライバー
clé
スパナ
torche
懐中電灯

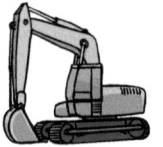

pelleteuse

掘削機

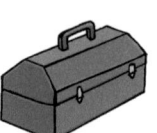

boîte à outils

道具箱

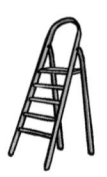

échelle

はしご

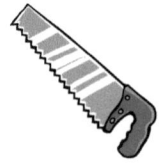

scie

のこぎり

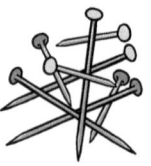

clous

釘

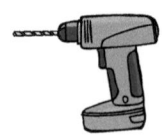

perceuse

ドリル

réparer
修理する

pelle
シャベル

Mince !
クソ！

pelle
ちりとり

pot de peinture
ペンキ缶

vis
ネジ

instruments de musique
楽器

haut-parleurs
スピーカー

batterie
打楽器

guitare
ギター

contrebasse
コントラバス

trompette
トランペット

piano

ピアノ

violon

バイオリン

basse

バス

timbales

ティンパニ

tambour

ドラム

piano électrique

キーボード

saxophone

サックス

flûte

フルート

microphone

マイクロフォン

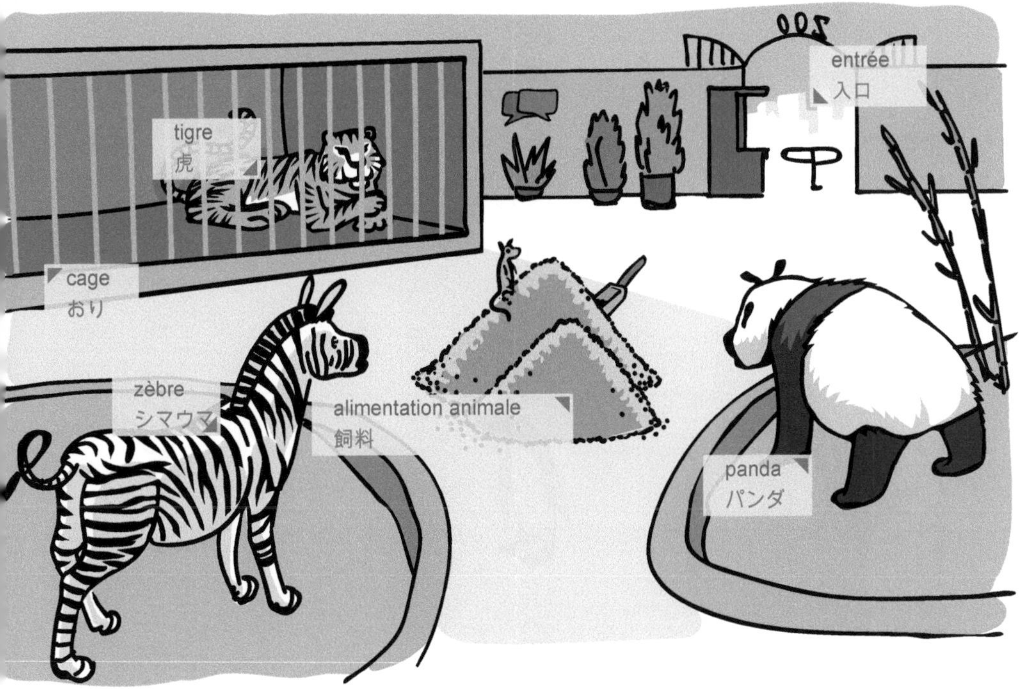
zoo
entrée
入口
tigre
虎
cage
おり
zèbre
シマウマ
alimentation animale
飼料
panda
パンダ

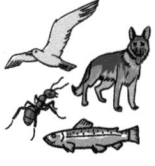

animaux

動物

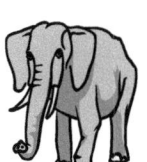

éléphant

象

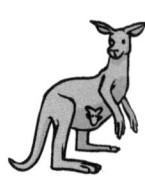

kangourou

カンガルー

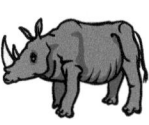

rhinocéros

サイ

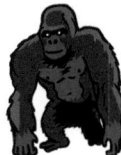

gorille

ゴリラ

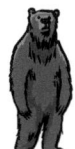

ours

熊

chameau

ラクダ

autruche

ダチョウ

lion

ライオン

singe

猿

flamand rose

フラミンゴ

perroquet

オウム

ours polaire

白クマ

pingouin

ペンギン

requin

サメ

paon

クジャク

serpent

蛇

crocodile

ワニ

gardien de zoo

飼育係

phoque

アザラシ

jaguar

ジャガー

poney

ポニー

léopard

ヒョウ

hippopotame

カバ

girafe

キリン

aigle

鷲

sanglier

雄豚

poisson

魚

tortue

亀

morse

セイウチ

renard

狐

gazelle

ガゼル

sports
スポーツ

american Football
アメフト

cyclisme
サイクリング

tennis
テニス

basket-ball
バスケットボール

natation
水泳

boxe
ボクシング

hockey sur glace
アイスホッケー

football
サッカー

badminton
バドミントン

athlétisme
陸上競技

handball
ハンドボール

ski
スキー

polo
ポロ

activités
活動

rire
笑う
sauter
跳ぶ
embrasser
抱きしめる
marcher
歩く
chanter
歌う
rêver
夢見る
prier
祈る
faire la bise
キス

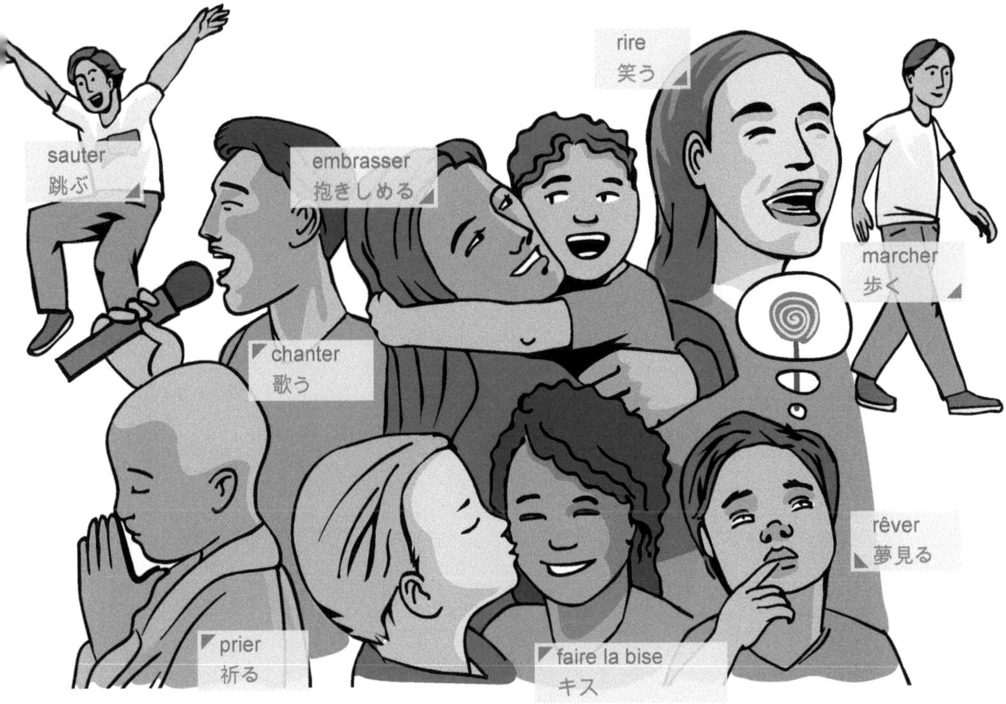

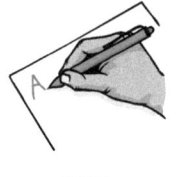

écrire
書く

dessiner
描く

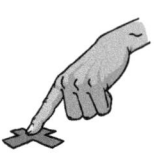

montrer
示す

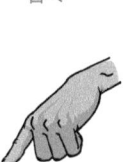

pousser
押す

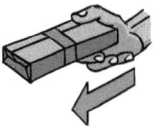

donner
与える

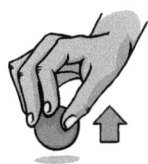

prendre
取る

avoir

持っている

faire

する

être

ある

être debout

立つ

courir

走る

trier

引く

jeter

投げる

tomber

落ちる

être couché

横たわっている

attendre

待つ

porter

運ぶ

être assis

座る

s'habiller

着る

dormir

眠る

se réveiller

目が覚める

regarder

見る

pleurer

泣く

caresser

なでる

peigner

櫛ですく

parler

話す

comprendre

理解する

demander

質問する

écouter

聞く

boire

飲む

manger

食べる

ranger

片づける

aimer

愛する

cuire

料理する

conduire

運転する

voler

飛ぶ

faire de la voile

ヨットに乗る

calculer

計算する

lire

読む

apprendre

学ぶ

travailler

働く

se marier

結婚する

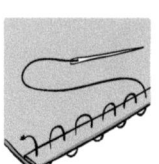

coudre

縫う

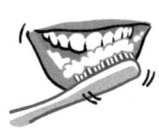

brosser les dents

歯を磨く

tuer

殺す

fumer

喫煙する

envoyer

送る

famille
家族

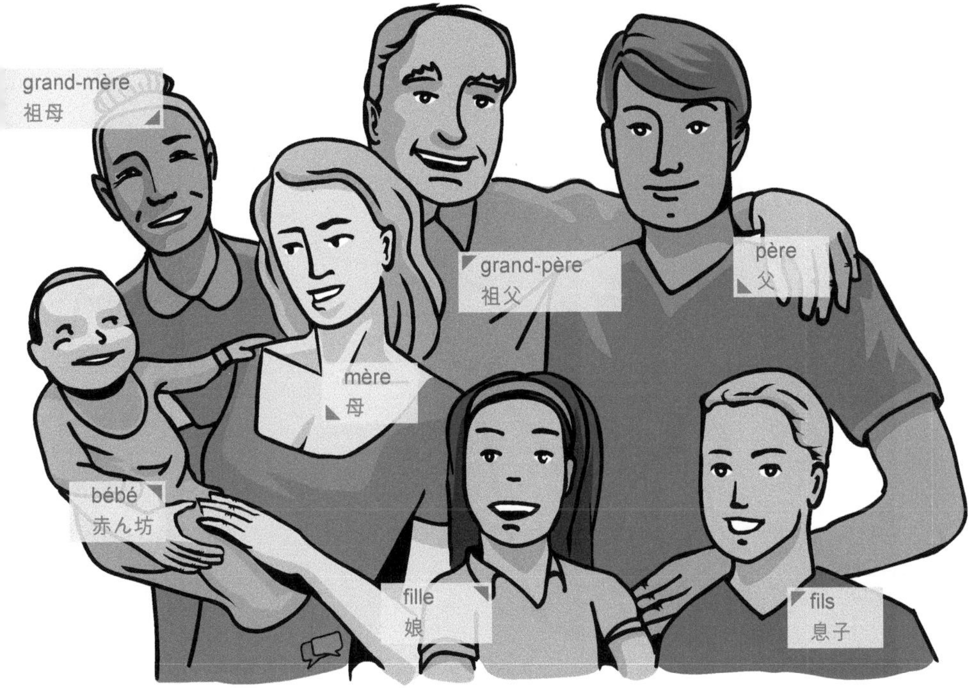
grand-mère
祖母
grand-père
祖父
père
父
mère
母
bébé
赤ん坊
fille
娘
fils
息子

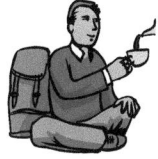

hôte
お客様

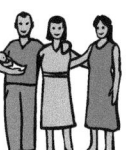

tante
おば

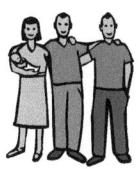

oncle
おじ

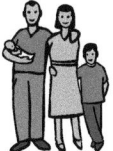

frère
兄弟

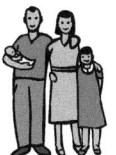

sœur
姉妹

corps

体

front
ひたい
œil
目
épaule
肩
doigt
指
visage
顔
menton
あご
main
手
poitrine
胸
jambe
脚
bras
腕

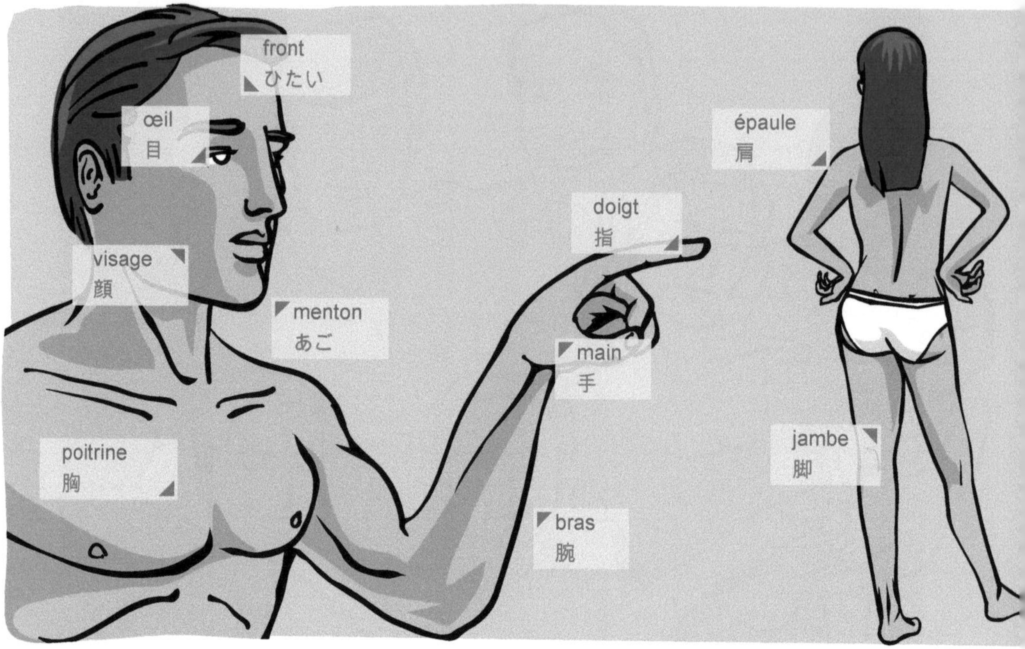

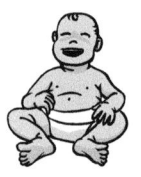

bébé

赤ん坊

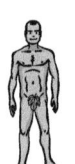

homme

男性

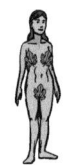

femme

女性

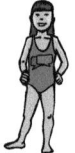

fille

少女

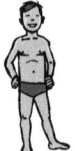

garçon

少年

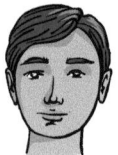

tête

頭

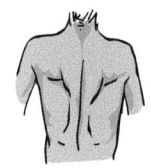

dos
背中

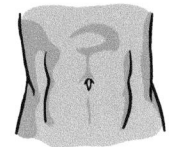

ventre
腹

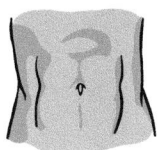

nombril
へそ

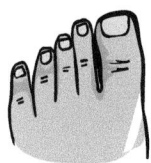

orteil
足指

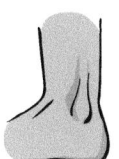

talon
かかと

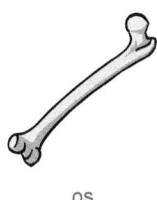

os
骨

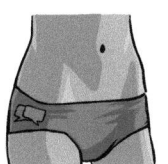

hanche
腰

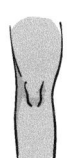

genou
ひざ

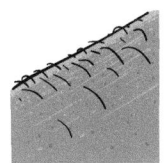

coude
ひじ

nez
鼻

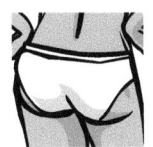

fesses
尻

peau
皮膚

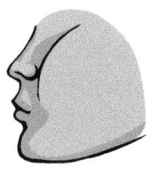

joue
頬

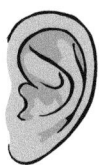

oreille
耳

lèvre
唇

bouche

口

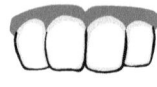

dent

歯

langue

舌

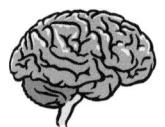

cerveau

脳

cœur

心臓

muscle

筋肉

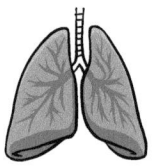

poumons

肺

foie

肝臓

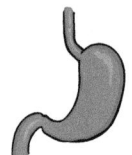

estomac

胃

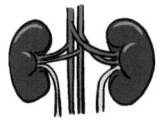

reins

腎臓

rapport sexuel

セックス

préservatif

コンドーム

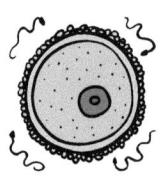

ovule

卵細胞

sperme

精液

grossesse

妊娠

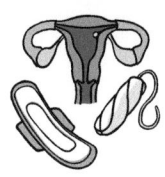

menstruation

月経

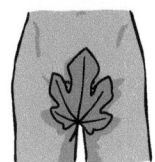

vagin

膣

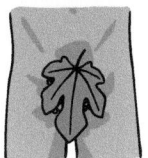

pénis

ペニス

sourcil

眉

cheveux

髪

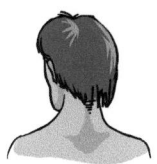

cou

首

hôpital
病院

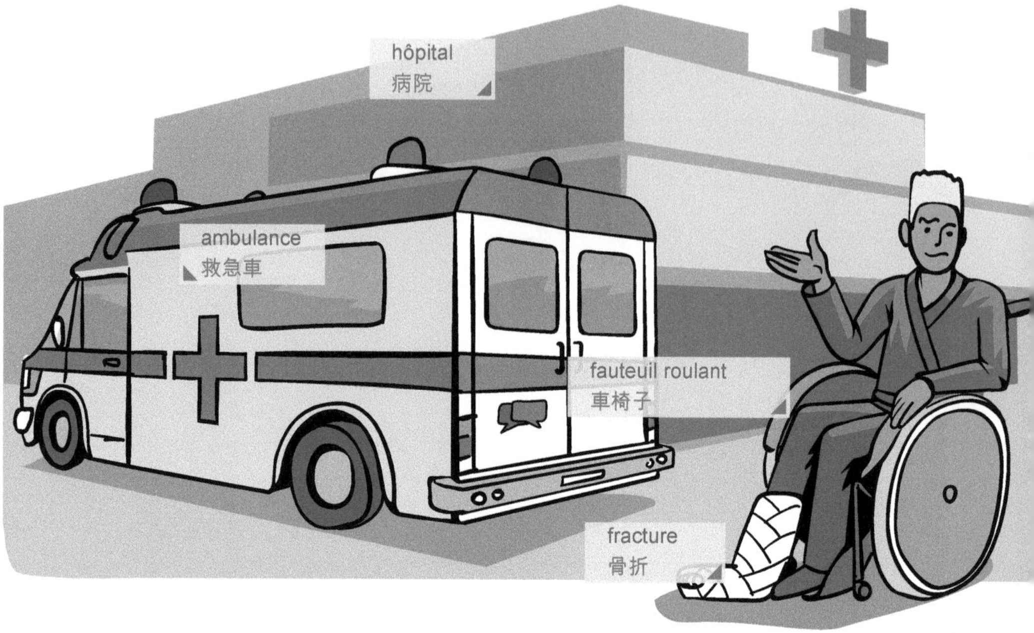

hôpital
病院
ambulance
救急車
fauteuil roulant
車椅子
fracture
骨折

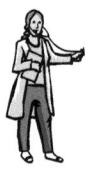

médecin

医師

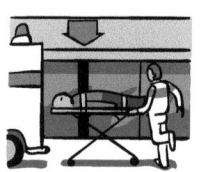

service des urgences

救急治療室

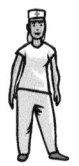

infirmière

看護師

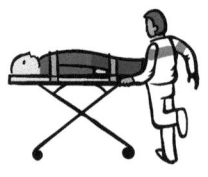

urgence

救急

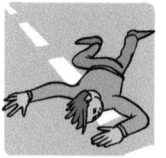

inconscient

失神

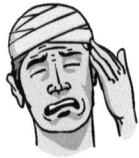

douleur

痛み

blessure
けが

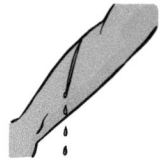

hémorragie
出血

crise cardiaque
心臓発作

attaque cérébrale
脳卒中

allergie
アレルギー

toux
咳

fièvre
熱

grippe
インフルエンザ

diarrhée
下痢

mal de tête
頭痛

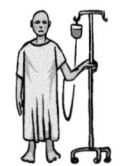

cancer
癌

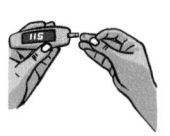

diabète
糖尿病

chirurgien
外科医

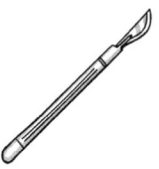

scalpel
外科用メス

opération
手術

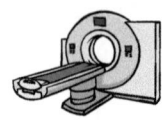

CT
....
CT

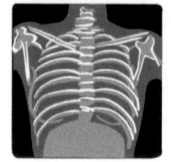

radiographie
....
レントゲン

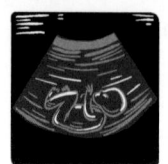

échographie
....
超音波

masque
....
マスク

maladie
....
病気

salle d'attente
....
待合室

béquille
....
松葉づえ

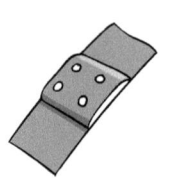

pansement
....
ばんそうこう

pansement
....
包帯

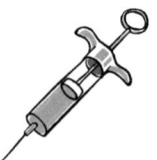

injection
....
注射

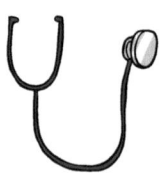

stéthoscope
....
聴診器

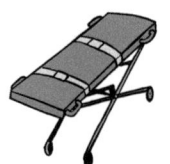

brancard
....
担架

thermomètre
....
体温計

accouchement
....
出産

surcharge pondérale
....
肥満

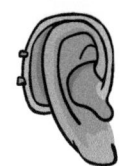

appareil auditif

補聴器

désinfectant

消毒剤

infection

感染

virus

ウイルス

VIH / sida

HIV / エイズ

médicament

内服薬

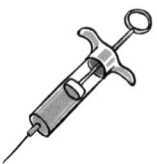

vaccination

予防接種

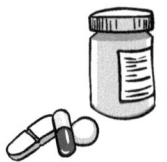

comprimés

錠剤

pilule

ピル

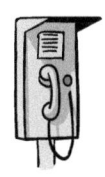

appel d'urgence

緊急電話

tensiomètre

血圧計

malade / sain

病気の　/　健康な

Au secours !

助けて！

alarme

アラーム

assaut

暴行

attaque

攻撃

danger

危険

sortie de secours

非常口

Au feu!

火事だ！

extincteur

消火器

accident

事故

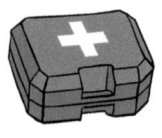

trousse de premier secours

救急箱

SOS

SOS

police

警察

Europe

ヨーロッパ

Amérique du Nord

北米

Amérique du Sud

南米

Afrique

アフリカ

Asie

アジア

Australie

オーストラリア

Océan atlantique

大西洋

Océan pacifique

太平洋

Océan indien

インド洋

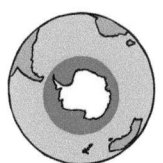

Océan antarctique

南極海

Océan arctique

北極海

pôle nord

北極

pôle sud

南極

Antarctique

南極大陸

terre

地球

pays

陸

mer

海

île

島

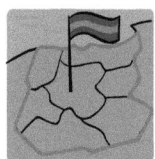

nation

国家

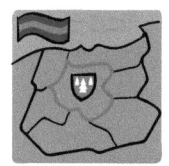

état

国家

cadran

文字盤

aiguille des heures

短針

aiguille des minutes

長針

aiguille des secondes

秒針

Quelle heure est-il ?

何時ですか？

jour

日

temps

時間

maintenant

現在

montre digitale

デジタル時計

minute

分

heure

時間

lundi
月曜

MO

mercredi
水曜

W

vendredi
金曜

TU

mardi
火曜

TH

samedi
土曜

FR

SA

jeudi
木曜

SO

dimanche
日曜

hier

昨日

aujourd'hui

今日

demain

明日

matin

朝

midi

昼

soir

夜

MO	TU	WE	TH	FR	SA	SU
1	2	3	4	5	6	7
8	9	10	11	12	13	14
15	16	17	18	19	20	21
22	23	24	25	26	27	28
29	30	31	1	2	3	4

MO	TU	WE	TH	FR	SA	SU
1	2	3	4	5	6	7
8	9	10	11	12	13	14
15	16	17	18	19	20	21
22	23	24	25	26	27	28
29	30	31	1	2	3	4

jours ouvrables

営業日

week-end

週末

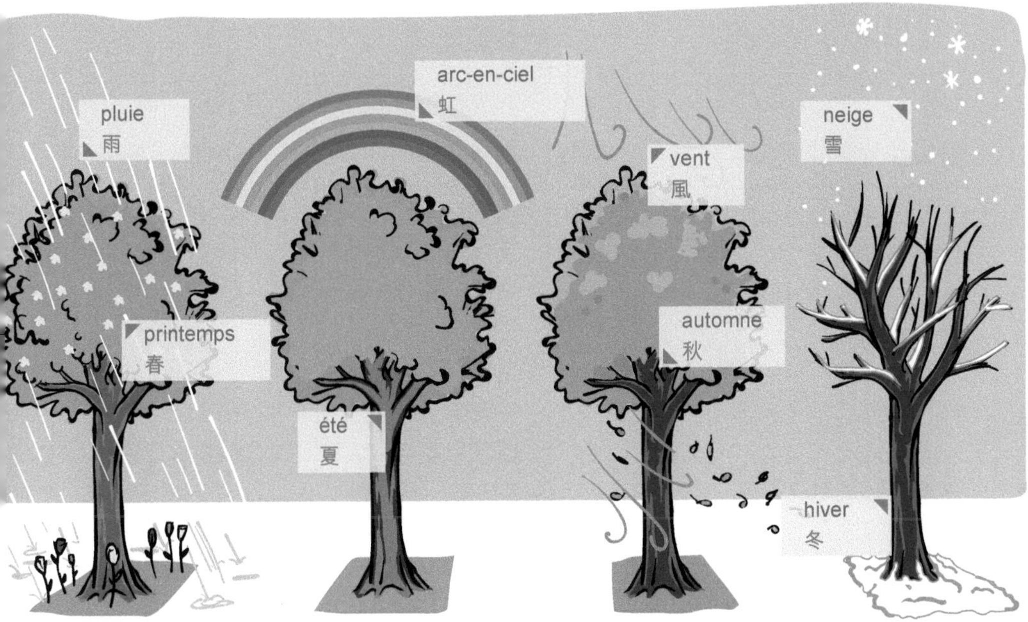

pluie
雨

arc-en-ciel
虹

vent
風

neige
雪

printemps
春

été
夏

automne
秋

hiver
冬

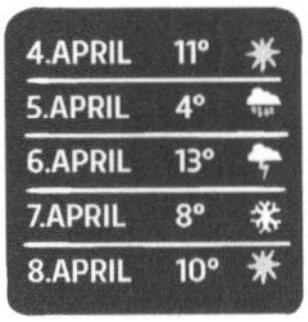

4.APRIL	11°	☀
5.APRIL	4°	☁
6.APRIL	13°	🌧
7.APRIL	8°	☀
8.APRIL	10°	☀

météo
天気予報

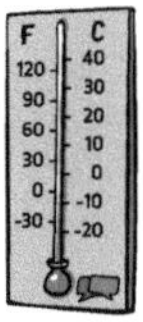

thermomètre
温度計

lumière du soleil
日差し

nuage
雲

brouillard
霧

humidité
湿度

foudre

雷

tonnerre

雷

tempête

嵐

grêle

ひょう

mousson

季節風

inondation

洪水

glace

氷

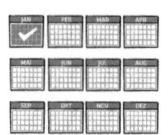

janvier

1月

février

2月

mars

3月

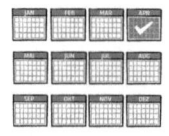

avril

4月

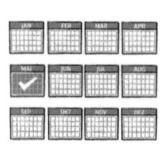

mai

5月

juin

6月

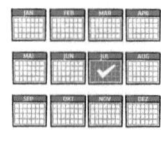

juillet

7月

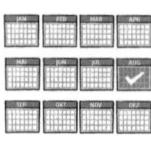

août

8月

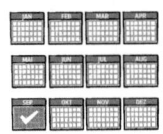

septembre
....
9月

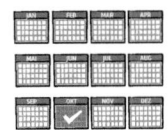

octobre
....
10月

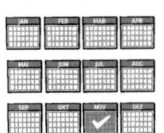

novembre
....
11月

décembre
....
12月

formes

形

cercle
....
円

carré
....
正方形

rectangle
....
長方形

triangle
....
三角

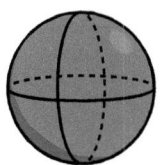

sphère
....
球

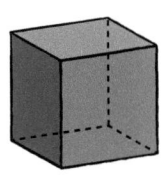

cube
....
立方体

blanc

白

jaune

黄

orange

オレンジ

rose

ピンク

rouge

赤

violet

紫

bleu

青

vert

緑

marron

茶

gris

灰色

noir

黒

beaucoup / peu
. . . .
多い / 少ない

fâché / calme
. . . .
怒っている /
落ち着いている

joli / laid
. . . .
美しい / 醜い

début / fin
. . . .
初め / 終わり

grand / petit
. . . .
大きい / 小さい

clair / obscure
. . . .
明るい / 暗い

frère / soeur
. . . .
兄弟 / 姉妹

propre / sale
. . . .
清潔な / 汚い

complet / incomplet
. . . .
完全な / 不完全な

jour / nuit
. . . .
日中 / 夜

mort / vivant
. . . .
死んだ / 生きている

large / étroit
. . . .
幅広い / 狭い

comestible / incomestible

食べられる　/
食べられない

méchant / gentil

悪意のある　/　親切な

excité / ennuyé

興奮している　/
退屈している

gros / mince

太った　/　痩せた

premier / dernier

最初に　/　最後に

ami / ennemi

友人　/　敵

plein / vide

いっぱいの　/　空の

dur / souple

硬い　/　柔らかい

lourd / léger

重い　/　軽い

faim / soif

空腹　/　喉の渇き

malade / sain

病気の　/　健康な

illégal / légal

違法な　/　合法な

intelligent / stupide

賢い　/　愚かな

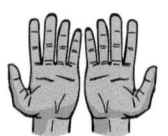

gauche / droite

左に　/　右に

proche / loin

近い　/　遠い

nouveau / usé

新しい / 中古の

rien / quelque chose

何もない / 何かある

vieux / jeune

老いた / 若い

marche / arrêt

オン / オフ

ouvert / fermé

開いている /
閉まっている

faible / fort

静かな / うるさい

riche / pauvre

裕福な / 貧乏な

correct / incorrect

正しい / 間違っている

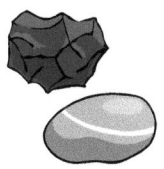

rugueux / lisse

粗い / なめらか

triste / heureux

悲しい / 幸せな

court / long

短い / 長い

lent / rapide

ゆっくり / 速い

mouillé / sec

濡れた / 乾いた

chaud / froid

温かい / 冷たい

guerre / paix

戦争 / 平和

nombres
数

0

zéro

ゼロ

1

un / une

1

2

deux

2

3

trois

3

4

quatre

4

5

cinq

5

6

six

6

7

sept

7

8

huit

8

9

neuf

9

10

dix

10

11

onze

11

12

douze

12

13

treize

13

14

quatorze

14

15

quinze

15

16

seize

16

17

dix-sept

17

18

dix-huit

18

19

dix-neuf

19

20

vingt

20

100

cent

100

1.000

mille

1000

1.000.000

million

100万

anglais

英語

anglais américain

アメリカ英語

chinois mandarin

中国標準語

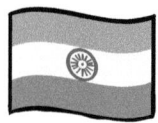

hindi

ヒンディー語

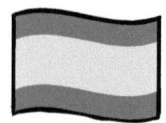

espagnol

スペイン語

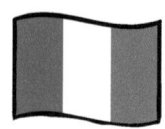

français

フランス語

arabe

アラビア語

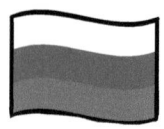

russe

ロシア語

portugais

ポルトガル語

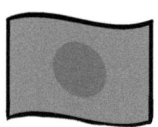

bengali

ベンガル語

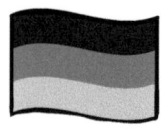

allemand

ドイツ語

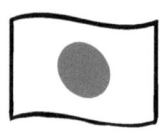

japonais

日本語

je

私

tu

あなた

il / elle / ce, c', cela

彼 / 彼女 / それ

nous

私たち

vous

あなたたち

ils / elles

彼ら

Qui ?

誰 ?

Quoi ?

何 ?

Comment ?

どうやって ?

Où ?

どこ ?

Quand ?

いつ ?

nom

名前

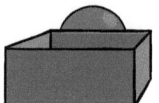

derrière

後ろ

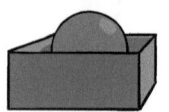

dans

中

devant

前

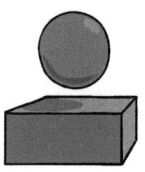

au-dessus

上

sur

上

en-dessous

下

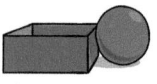

à côté de

横

entre

間

lieu

場所